Früher war alles leichter. Auch ich!

Gesucht, gefunden,
gewogen und gemixt
von Margarete Drachenberg

Eulenspiegel

Inhalt

7   **Mal so gesagt**

10   **Anja Dominka, Küchenszene**

16   **Du bist zu dick ...**

18   **Das Ende der Diät ist angesagt ...**

20   **Marlene Schümann, Alle Abende wieder**

25   **Diäten-Lexikon**

28   **Kurt Tucholsky, Frauen sind eitel. Männer? Nie –!**

32   **Wenn die Waage zu viel Pfunde anzeigt**

34   **Hör auf deinen Arzt!**

38   **Zehn Regeln fürs Kalorien-Zählen**

40   **... fett oder fit?**

42   **»Guten Appetit«**

43   **Frank Ludwig, Wenn Argumente nicht helfen**

48 Keine Chance

49 Übrigens ...

52 Anja Dominka, Worte des Terrors

56 Missverständnisse

59 Da ist noch weniger drin!

61 Frank Ludwig, Nachts, im Schlaf

64 Karl Leknisch, Der hungrige Russe

66 Sprüche

70 Brigitte Meyer, Einkaufen

74 Was fragst du!

75 Zum Schlanklachen

78 Peter Hacks, Eine dicke Familie

Mal so gesagt

Ich bin nicht dick. Ich brauche nur viel Platz für meine inneren Werte.

· · · · · · · · · · ·

Ich habe heute mal wieder Sport gemacht. Ritter Sport. Zwei Tafeln.

· · · · · · · · · · ·

Ich habe mich heute gewogen. Ich bin zu klein.

· · · · · · · · · · ·

Ich liebe mein Sixpack so sehr, dass ich es mit einer Schutzschicht aus Fett schütze!

· · · · · · · · · · ·

Ich esse nicht einfach Schokolade. Ich gebe Kalorien ein Zuhause.

· · · · · · · · · · ·

Ich bin nicht dick, ich habe nur mehr Kuschelfläche.

Nein, mein Vater ist kein Architekt, nur weil ich stabil gebaut bin.

. . . .

Ich finde es komisch, dass es bei Problemzonen nie um Köpfe, sondern immer nur um Bauch und Po geht.

. . . .

In mir gibt es diese wirklich schlanke Frau, die herauswill. Aber ich kann sie normalerweise mit Essen beruhigen.

. . . .

Egal, was ich mache: Es ist entweder verboten, unmoralisch oder ich nehme davon zu!

. . . .

Aller Umfang ist schwer.

9

Anja Dominka

Küchenszene

Susanne und Tom sind seit unglaublichen zwanzig Jahren ein Paar. Sie kommen mir vor wie ein Fels in der Brandung der rundum knirschenden und krachenden Beziehungen.

An diesem Nachmittag traf ich Susanne zwar nicht gerade in Tränen aufgelöst an, aber irgendetwas zwischen Wut und Traurigkeit sah ich ihr an. Und schon sprudelte es aus ihr heraus.

»Ich bin so enttäuscht.« Sie ließ sich auf den Küchenstuhl fallen und knetete ihre Finger. Auf meinen fragenden Blick hin sagte sie in düsterem Ton: »Er betrügt mich.«

Das also war es. Während ich die Tempotaschentücher zückte, dachte ich: Doch nicht diese beiden! Ach, es gibt nichts Verlässliches in der Welt, und am wenigsten sind es die Gefühle.

Erst einmal schlug ich vor, das zu tun, was Susanne und ich seit jeher machen, wenn Probleme zu bereden sind: »Lass uns in Kanthors Konditorei um die Ecke gehen!« Ob es um schlechte Noten der Kinder, intrigierende Kollegen, das schwer zu bestimmende Urlaubsziel oder die leere Haushaltskasse geht, in Kanthors Konditorei lässt sich alles bereden, die körperliche wie seelische Stabilisierung durch ein Stück Kuchen inbegriffen. Zieht sich die Problemlösung hin, auch ein zweites. Und wenn alles geklärt ist, zur Belohnung noch ein Petit four drauf, so ein winziges Stück, das macht den Kohl nicht fett – sagen wir dann und lachen.

Müde schüttelte Susanne den Kopf. Ich akzeptierte sofort. Eine Beziehungskrise ist eben was anderes als Ärger mit dem blöden Chef oder die ungerechte Zensur von diesem absolut unfähigen Lehrer.

Susanne kam gleich zur Sache.

»Denkt er, ich merke nichts?! … Man riecht das doch.«

Stimmt, die Männer unterschätzen immer, dass wir Frauen in solchen Dingen eine feine Nase haben.

»Und wie euphorisch er von der Arbeit nach Hause kommt!«

Oh, ausgerechnet eine Kollegin, dachte ich.

»Er hintergeht mich tagtäglich«, sagte Susanne. »Und hier hängt er dann rum. Und egal, was ich mir einfallen lasse, es interessiert ihn nicht.«

Na sicher, man soll immer offen für Neues sein und im Bett auch mal was ausprobieren.

»Führt sich auf wie ein Teenager! For ever young, meint er wohl, und merkt gar nicht, was er sich damit antut.«

Klar, wenn die Männer ihren zweiten Frühling erleben, vergessen sie alles um sich herum.

»Es ist einfach gegen alles, was wir ausgemacht haben.«

Ja, Treue und in guten wie in schlechten Zeiten und so, das hatten sie einander versprochen.

»Könnt ihr denn nicht miteinander reden?«, warf ich ein.

»Meinst du, das habe ich nicht versucht!?«, fauchte Susanne mich an. »Er streitet es ab.«

»Und bist du dir denn sicher?«, fragte ich behutsam, obwohl ich wusste, dass Susanne nicht gerade zu den eifersuchtsgeplagten Frauen gehört.

»Ja, da gibt es absolut keine Zweifel.«

Ich schniefte tief durch, um zu bestätigen, dass auch ich keine Zweifel mehr hegte.

»Ich bin ja zu Kompromissen bereit«, sagte sie.

Oh, damit hatte ich nicht gerechnet. Wenn die konsequente Susanne irgendwelchen Arrangements zustimmte, musste es schlimm um sie stehen.

Prompt sagte sie kläglich: »Kannst du nicht mal mit ihm reden?«

Wie aufs Stichwort schloss ein fröhlich vor sich hinpfeifender Tom die Haustür auf. »Bin daaaa!«, und betrat auch schon die Küche. Susannes sauertöpfisches Gesicht ließ ihn aus seiner Guten-Laune-Wolke fallen.

»Öhm, schlechte Stimmung?«

Susanne zuckte schnippisch mit den Achseln. »Tu nicht so scheinheilig!« Sie streifte ihn mit verächtlichem, mich mit aufforderndem Blick.

13

Mehr als ein »Tom, ich finde nicht richtig, was du machst« brachte ich nicht zustande. Immerhin wusste er nun, dass ich wusste …

Seine lustigen Schweinsäuglein bekamen den Geprügelter-Hund-Blick. Doch anders, als Susanne behauptet und ich erwartet hatte, stritt er nichts ab, sondern quetschte gequält heraus: »Du, ich kann nicht anders. Es ist eine Macht, die größer ist als ich!«

Das war ja nun der blödeste aller Männersprüche. Sie würden ja so gerne … und würden nie eine andere auch nur angucken, es klappt eben nicht, weil Männer nun mal testosterongesteuert und also entschuldigt sind.

Voller Empörung suchte ich nach Worten. Susanne war schneller und hatte wohl vergessen, dass ich »doch mal mit ihm reden sollte«. Sie legte los und war nicht zu bremsen. Mit staunenden Augen, von denen es irgendwann wie Schuppen fiel, wurde ich Zeuge ihres Monologs:

»Hauch mich mal an«, forderte sie Tom auf. »Sag ich doch, du warst wieder an der Dönerbude! Dass ich einen Kohlrabi-Porree-Auflauf gemacht habe, interessiert dich nicht die Bohne … Ich lasse mir die tollsten Sachen einfallen, aber du mampfst dieses ungesunde Zeug in dich rein, Hauptsache viel Fleisch … Und wenn ich dir einen ehrlichen Obstsalat vorsetze, dann pickerst du nur ein bisschen drin rum …

Ist ja kein Wunder, der Herr hat wohl auf dem Heimweg schnell einen Abstecher zum Asia-Imbiss gemacht und sich sattgefuttert! Denkst du, ich merke nicht, dass du mich austrickst? Meinst du, mir fällt es leicht, mich an unseren Diätplan zu halten? Aber du hast hoch und heilig versprochen, dass du mitziehst … Warum kannst du nicht, was ich schaffe? Ich würde mir auch gern mal was gönnen! Da muss man eben der Versuchung widerstehen! Und wenn du schon meinst, du kannst mich hintergehen, dann sollte dir wenigstens der Blick in den Spiegel Warnung sein. Guck dir deine Speckrollen an, deinen Bauch, dein Doppelkinn! Denk an deine Cholesterinwerte …« Susanne war noch lange nicht am Ende. Tom stand wie ein begossener Pudel da. Alles kam mir unendlich peinlich vor, aber die peinlichste Figur war ich, die ich Tom des ehelichen Betruges für überführt gehalten hatte, dabei war er nur so eine Art kulinarischer Betrüger.

Ich machte mich still und leise davon.

Nunja, Betrug ist Betrug, sinnierte ich in Kanthors Konditorei bei einem Stück Kuchen. Und in meiner komfortablen Lage, nichts und niemanden damit zu hintergehen, »gönnte« ich mir ein zweites. Petits fours waren leider aus.

Du bist zu dick ...

1 ... wenn du auf der Waage stehst und das Display zeigt an »Fortsetzung folgt!«

2 ... wenn deine Freunde sagen: »Nimm dir zwei Stühle und setz dich zu uns!«

3 ... wenn du am Strand liegst und Greenpeace rückt an, um dich ins Wasser zu ziehen.

4 ... wenn du umfällst und nicht an Höhe verlierst.

5 ... wenn du ein Selfie machst und es bei Google Earth eingestellt wird.

6 wenn du dich auf die Waage stellst und da steht dann: »Bitte einer nach dem anderen!«

7 … wenn du etwas von der rechten in die linke Hand geben willst – und du musst es werfen.

8 … wenn du einen Bumerang brauchst, um dir den Gürtel umzuschnallen.

9 … wenn Navigationssysteme eine Ausweichroute berechnen, weil du auf der Straße stehst.

10 … wenn du deinen Sitz einer alten Dame anbietest und zwei alte Damen darauf Platz nehmen.

11 … wenn du in ein Restaurant gehst, die Speisekarte anguckst und sagst: »Okay!«

12 … wenn du am Fernseher vorbeigehst und deine Familie den Werbeblock verpasst!

13 … wenn du deine Urlaubsvideos auf einem Breitbildfernseher anschauen musst.

Das Ende der Diät ist angesagt ...

1 ... wenn du im Kino Platz nimmst und der Sessel klappt wieder hoch.

2 ... wenn du beim Drachensteigen eher in der Luft bist als der Drachen.

3 ... wenn du dich beim Staubsaugen anschnallen musst.

4 ... wenn du in der Dusche hin- und herspringen musst, um nass zu werden.

5 ... wenn du beim Klavierspielen mit den Fingern zwischen den Tasten steckenbleibst.

6 … wenn du beim Einatmen an Bodenhaftung verlierst.

7 … wenn du deine Armbanduhr auch als Gürtel tragen kannst.

8 … wenn dein Gesicht so schmal ist, dass du mit beiden Augen durchs Schlüsselloch schauen kannst.

9 … wenn du die Küche fegst und hinterm Besenstiel stehst und dein Mann fragt: »Wo bist du?«

10 … wenn du beim Essen vom Stuhl rutschst, weil der Löffel deinen Schwerpunkt nach vorne verschiebt.

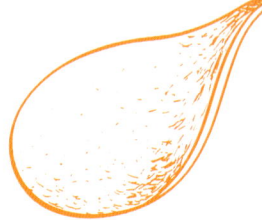

Marlene Schümann

Alle Abende wieder

Es ist spät geworden. Klick auf die Entertaste, die letzte E-Mail des Tages geht an den Kunden … geschafft. Feierabend. Der Kopf brummt, der Rockbund schneidet ein, der BH kneift, die Füße senden das Signal: »Lass uns raus aus den Pumps, sonst sprengen wir das Leder!«

Auf dem Heimweg schnell noch beim Supermarkt vorbei; der Kühlschrank hat heute zum Frühstück ein letztes Stück Käse zur vorletzten Knäckebrotscheibe ausgespuckt. Also zum Abendessen was Leckeres besorgen, nein, natürlich was Gesundes, und vor allem etwas, das nicht dick macht. Du schleppst leider ein paar Pfunde zu viel mit dir rum.

Die Fleischtheke will dich mit ihrem überirdischen rosa Licht anlocken. Da gehst du glatt dran vorbei; es ist sowieso keine Option, für deinen Singlehaushalt mal eben einen Braten zu brutzeln oder ein Gulasch zu köcheln. Für dich alleine kochen hat dir noch nie Spaß gemacht.

Die Gefriertruhen mit den Fertiggerichten lässt du links liegen, schließlich willst du dich gesund ernähren.

Auf die Auslagen farbenfroher Süßigkeiten und glitzernder Chips-Tüten wirfst du einen verächtlichen

Blick. Den Light-Produkten im Kühlregal traust du nicht, nur ein fettfreier Joghurt wandert in den Einkaufskorb. Fürs Dressing. Denn du wirst heute Abend einen Salat essen – und die letzte Scheibe Knäckebrot.

Zielsicher steuerst du die Obst- und Gemüseabteilung an. Wie praktisch, für den Singlehaushalt gibt es gemischte Salatblätter, portioniert in der Plastiktüte, ein paar Tomaten wählst du noch dazu. Noch mal zurück zum Kühlregal, wo liegen diese Putenfleischstreifen? Diese Dinger, die schon geschnitten, gewürzt, gebraten sind. Wo denn? Ah ja. Der Einkauf ist komplett.

Zu Hause raus aus den Pumps, aus Rock und Bluse – rein in die Schlabbersachen. In denen sieht man ja nun alles andere als schlank aus, sagt dir beim Vorbeigehen der Blick in den mannshohen Flurspiegel. Egal, sieht ja keiner.

Salat anmachen, Joghurt drübergießen, die Putenfleischstreifen drapieren, und ab auf die Couch. Füße hoch. Fernseher an.

Seit fast zehn Jahren lebst du nun in deiner eigenen Wohnung und genießt es immer wieder, gegen das strikte elterliche Verbot deiner Kindheit zu verstoßen: »Beim Essen wird nicht ferngesehn.« Die bunten Illustrierten liegen in Griffweite, denn natürlich galt auch als ehernes Gesetz: »Beim Essen wird nicht gelesen.« Dabei ist das doppelter, nein, dreifacher Genuss: essen, fernsehen und lesen.

Du zappst durchs Programm, spießt ein Salatblatt auf, blätterst im Modeteil der Frauenzeitschrift, fischst dir einen Putenstreifen und ein saftiges Tomatenstück. Selbst der Vorabendkrimi bringt den obligatorischen Besuch in der Gerichtsmedizin, aber du kannst ja in den appetitlichen Rezeptteil der Zeitschrift gucken. Du isst deinen Salat auf. In der Werbung wandern hüpfende Chips in weitgeöffnete Münder. Das kann dich nicht verführen. »Ich bin einsam und Single – schwups, der nächste Pringle!« Nicht bei dir. Chips kommen dir nicht ins Haus. Aber ein paar gesalzene Erdnüsse sind noch da. Die haben ja gute Öle – oder sowas in der Art.

Der Film, auf den du dich gefreut hast, nimmt nur langsam Fahrt auf. Die Erdnüsse sind aufgeknabbert. Der Film zieht und zieht sich – aber nun willst du wissen, wie er ausgeht. O Mensch, jetzt macht sich aber ein Durst bemerkbar! Kein Wunder, bei so salzigen Nüssen. Aber auch nicht schlimm, vielleicht kommst du so auf die zwei Liter Wasser, die man doch täglich trinken soll. Neben der Selters steht die Weinflasche, na, ein Glas Wein soll ja auch gesund sein. Und schon guckt sich der Film besser an. Auch wenn ihn die Werbepausen endlos strecken. So endlos, dass sich der Magen knurrend meldet. So ein Salat macht eben nicht wirklich satt. Du widerstehst. Du hast auch gar keine Chance, der Kühlschrank ist doch leer. Ah, eine Fischkonserve muss noch irgendwo stehen. Du widerstehst.

Der Magen knurrt. Der Magen knurrt rhythmisch. Der Magen skandiert: Fisch, Fisch, Fisch. Deine Füße setzen sich in Richtung Küche in Bewegung, deine Hand weiß ganz genau, wo die Fischdose steht. »Heringsfilet in Tomatensoße!« Du befiehlst der Hand, die Dose in den Schrank zurückzustellen. In deinem Kopf arbeitet es: »Mein Gott, Fisch macht nicht dick!« und »Wozu die Quälerei?«

Zum Showdown des Filmes löffelst du die Dose aus.

Zeit, ins Bett zu gehen, aber die Doku ist interessant. Nach einer halben Stunde stellt er sich ein, der süße Appetit. Warum ist man so programmiert? Warum will der Mensch nach etwas Herzhaftem etwas Süßes essen? Je länger du darüber sinnierst, um so heftiger wird das Verlangen.

Bingo! Die Kaba-Dose, die du für die gelegentlichen Besuche deiner Nichte in der Küche deponiert hast. Als Kind hast du mit wenig Milch und ganz viel Kaba eine Pampe zusammengerührt, die besser als jede Schokoladentafel schmeckte. Das war so lecker!

O nein, ab ins Bett. Den Gedanken an diese Kaba-Pampe nimmst du mit, er lässt dich nicht zur Ruhe kommen. Wenn du nur einen Salat gegessen hast, dann kann so eine kleine Süßigkeit nicht viel ausmachen.

Es ist um zwei, und du gibst dich geschlagen. Schleichst in die Küche, greifst zur Kabadose. Der süße Appetit ist gestillt.

Diät beginnt immer morgen.

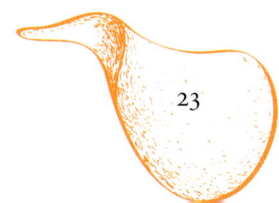

Diäten-Lexikon

Die Wunderdiät

Nach dem Frühstück aufstehen, das Mittagessen auf das Abendbrot verschieben und vor dem Abendbrot ins Bett gehen.

Die amerikanische Diät

»I'm on a seafood diet. I eat every food I see.«

Bier-Diät

Bier, so viel Sie trinken können! Aber eiskalt! Der Körper verbraucht Kalorien, um es aufzuwärmen.

Telefon-Diät

»Ich lasse mich mehrmals am Tag anrufen!«
»Aber was ist denn daran die Diät?«
»Immer wenn das Telefon klingelt, nehme ich ab!«

Anti-Stress-Diät

Frühstück: 1 Scheibe Vollkorntoast
Mittagessen: 1 halbes Hähnchenfilet an einer Spur
Spinat
Abendbrot: 1 Tasse Kräutertee
Mitternachtssnack: 1 Pizza, 1 Packung Eiscreme,
1 Käsetorte – und was der Kühlschrank sonst noch
hergibt!

Computer-Diät

Klicken Sie eine Million Mal die Maustaste!

Die Schlank-im-Schlaf-Diät

Sie dürfen sogar von Nudeln träumen, allerdings nur
von »Penne«.

Die Drei-Tage-Diät

Der leichteste Tag bei der Abmagerungskur ist der
dritte; dann hat man nämlich schon aufgegeben …

Abnehmen mit Humor

Humor ist, wenn man trotzdem abnimmt.

Kurt Tucholsky
Frauen sind eitel. Männer? Nie –!

Das war in Hamburg, wo jede vernünftige Reiseroute aufzuhören hat, weil es die schönste Stadt Deutschlands ist – und es war vor dem dreiteiligen Spiegel. Der Spiegel stand in einem Hotel, das Hotel stand vor der Alster, der Mann stand vor dem Spiegel. Die Morgen-Uhr zeigte genau fünf Minuten vor einhalb zehn.

Der Mann war nur mit seinem Selbstbewusstsein bekleidet, und es war jenes Stadium eines Ferientages, wo man sich mit geradezu wollüstiger Langsamkeit anzieht, trödelt, Sachen im Zimmer umherschleppt, tausend überflüssige Dinge aus dem Koffer holt, sie wieder hineinpackt, Taschentücher zählt und sich überhaupt benimmt wie ein mittlerer Irrer: es ist ein geschäftiges Nichtstun, und dazu sind ja die Ferien auch da. Der Mann stand vor dem Spiegel.

Männer sind nicht eitel. Frauen sind es. Alle Frauen sind eitel. Dieser Mann stand vor dem Spiegel, weil der dreiteilig war und weil der Mann zu Hause keinen solchen besaß. Nun sah er sich, Antinous mit dem Hängebauch, im dreiteiligen Spiegel und bemühte sich, sein Profil so kritisch anzusehen, wie seine egoistische Verliebtheit das zuließ ... eigentlich ... und nun richtete er sich ein wenig auf –

eigentlich sah er doch sehr gut im Spiegel aus, wie –?
Er strich sich mit gekreuzten Armen über die Haut,
wie es die tun, die in ein Bad steigen wollen ... und
bei dieser Betätigung sah sein linkes Auge ganz zu-
fällig durch die dünne Gardine zum Fenster hinaus.
Da stand etwas.

Es war eine enge Seitenstraße, und gegenüber, in
gleicher Etagenhöhe, stand an einem Fenster eine
Frau, eine ältere Frau, schiens, die hatte die drübige
Gardine leicht zur Seite gerafft, den Arm hatte sie
auf ein kleines Podest gelehnt, und sie stierte, starrte,
glotzte, äugte gerade auf des Mannes gespiegelten
Bauch. Allmächtiger.

Der erste Impuls hieß den Mann vom Spiegel zu-
rücktreten, in die schützende Weite des Zimmers,
gegen Sicht gedeckt. So ein Frauenzimmer. Aber es
war doch eine Art Kompliment, das war unleugbar;
denn wenn jene auch dergleichen vielleicht immer
zu tun pflegte – es war eine Schmeichelei. »An die
Schönheit.« Unleugbar war das so. Der Mann wagte
sich drei Schritt vor.

Wahrhaftig: da stand sie noch immer und äugte
und starrte. Nun – man ist auf der Welt, um Gutes zu
tun ... und wir können uns doch noch alle Tage sehen
lassen – ein erneuter Blick in den Spiegel bestätigte
das – heran an den Spiegel, heran ans Fenster!

Nein. Es war zu schéhnierlich ... der Mann hüpfte
davon, wie ein junges Mädchen, eilte ins Badezim-

mer und rasierte sich mit dem neuen Messer, das glitt sanft über die Haut wie ein nasses Handtuch, es war eine Freude. Abspülen (»Scharf nachwaschen?« fragte er sich selbst und bejahte es), scharf Nachttischen, pudern … das dauerte gut und gern seine zehn Minuten. Zurück. Wollen doch spaßeshalber einmal sehen –.

Sie stand wahr und wahrhaftig noch immer da; in genau derselben Stellung wie vorhin stand sie da, die Gardine leicht zur Seite gerafft, den Arm aufgestützt, und sah regungslos herüber. Das war denn doch – also, das wollen wir doch mal sehen.

Der Mann ging nun überhaupt nicht mehr vom Spiegel fort. Er machte sich dort zu schaffen, wie eine Bühnenzofe auf dem Theater: er bürstete sich und legte einen Kamm von der rechten auf die linke Seite des Tischchens; er schnitt sich die Nägel und trocknete sich ausführlich hinter den Ohren, er sah sich prüfend von der Seite an, von vorn und auch sonst ... ein schiefer Blick über die Straße: die Frau, die Dame, das Mädchen – sie stand noch immer da.

Der Mann, im Vollgefühl seiner maskulinen Siegerkraft, bewegte sich wie ein Gladiator im Zimmer, er tat so, als sei das Fenster nicht vorhanden, er ignorierte scheinbar ein Publikum, für das er alles tat, was er tat: er schlug ein Rad, und sein ganzer Körper machte fast hörbar: Kikeriki! dann zog er sich, mit leisem Bedauern, an.

Nun war da ein manierlich bekleideter Herr, – die Person stand doch immer noch da! –, er zog die Gardine zurück und öffnete mit leicht vertraulichem Lächeln das Fenster. Und sah hinüber.

Die Frau war gar keine Frau.

Die Frau, vor der er eine halbe Stunde lang seine männliche Nacktheit produziert hatte, war – ein Holzgestell mit einem Mantel darüber, eine Zimmerpalme und ein dunkler Stuhl. So wie man im nächtlichen Wald aus Laubwerk und Ästen Gesichter komponiert, so hatte er eine Zuschauerin gesehen, wo nichts gewesen war als Holz, Stoff und eine Zimmerpalme.

Leicht begossen schloss der Herr Mann das Fenster. Frauen sind eitel. Männer –? Männer sind es nie.

Wenn die Waage zu viel Pfunde anzeigt

Gebet zum Neuen Jahr:
»Lieber Gott! Bitte mach meine Taille schlanker und mein Bankkonto fetter. Und bitte verwechsle es nicht wieder wie letztes Jahr!«

. . . .

Er: »Schatz, wie viel wiegst du?«
Sie: »Das geht dich nichts an!«
Er: »Ach komm, sag mir wenigstens die ersten beiden Zahlen.«

. . . .

Eine füllige Frau
tritt vor den
Spiegel und sagt:
»Spieglein, Spieglein
an der Wand, wer ist die
Schönste im ganzen Land?«
Daraufhin der Spiegel:
»Geh mal zur Seite,
ich seh ja nichts!«

Zwei Freunde treffen sich nach vielen Jahren wieder.
Fragt der eine: »Hat deine Frau eigentlich ihre tolle
Figur behalten?«
Sagt der andere: »Was heißt behalten? Sie hat sie
sogar verdoppelt.«

· · · · · · · · · · · ·

Am Mittagstisch sagt die Frau zu ihrem Mann: »Aber
der Arzt hat dir doch verboten, beim Essen Wein zu
trinken!«
»Du hast recht. Räum das Essen weg.«

· · · · · · · · · · · ·

Die Frau kreischt entsetzt auf: »O mein Gott! Die
Waage zeigt schon wieder zwei Kilo mehr an!«
Der Mann: »Aber beruhige dich doch, Liebling! Du
bist ja noch gar nicht abgeschminkt.«

· · · · · · · · · · · ·

»Hat denn die Abmagerungskur bei deinem Mann
gewirkt?«
»Sagenhaft sogar! Er hatte doch auf der Brust so ein
tätowiertes Schlachtschiff. Das ist jetzt ein Faltboot!«

· · · · · · · · · · · ·

Warum sind viele Politiker so dick?
Das liegt am Jo-Jo-Effekt von den vielen Diäten.

Hör auf deinen Arzt!

Arzt zur Patientin: »Halten Sie sich strikt an die Diät – und in ein paar Monaten möchte ich drei Viertel von Ihnen zur Nachuntersuchung wiedersehen.«

∙∙∙∙∙∙∙∙∙∙∙∙

»Gegen Ihre Korpulenz, gnädige Frau«, sagt der Arzt, »hilft nur viel Bewegung.«
»Kniebeugen und so, Herr Doktor?«
»Nein. Kopfschütteln, immer wenn Ihnen etwas zum Essen angeboten wird.«

∙∙∙∙∙∙∙∙∙∙∙∙

Arzt zur übergewichtigen Patientin: »Ich habe ihnen hier ein Rezept aufgeschrieben …«
»Oh, danke, Herr Doktor. Ich wusste gar nicht, dass Sie auch so gerne kochen wie ich.«

∙∙∙∙∙∙∙∙∙∙∙∙

Arzt: »Wie viele Stück Kuchen essen Sie eigentlich täglich?«
Patient: »So drei bis vier.«
Arzt: »Die Hälfte würde vollauf genügen.«
Patient: »Ich hab ja auch nur die Hälfte gesagt.«

Arzt zum Patienten: »Sie haben aber ganz schön
Übergewicht bekommen. Das wird ja immer schlim-
mer!«
Patient: »Stimmt! Für mein Gewicht müsste ich
2 Meter 10 groß sein. Aber ich kann essen und essen,
was ich will – ich werde einfach nicht größer!«

· · · · · · · · · · · ·

Arzt: »Sie möchten sich beschweren?«
Patient: »Nein, ich will abnehmen!«

· · · · · · · · · · · ·

»Mein Mann hat den Doktor gefragt, welche Diät er
einhalten soll. Der Doktor hat gesagt, er braucht keine
Diät, er kann essen und trinken, was ich will.«

»Sie müssen Diät halten«, sagt der Arzt, »was sind Sie von Beruf?«

Patient: »Schwertschlucker.«

Arzt: »Dann ab sofort nur noch Obstmesser!«

••••••••••

»Herr Doktor, wenn ich weiterhin die von Ihnen verordnete Diät befolge, werde ich bald ins Gras beißen!«

»Halb so schlimm, Gras hat kaum Kalorien.«

♥ Liebesbrief ♥

Ich kann morgens nichts
essen, weil ich an dich
denke. Und mittags kann
ich auch nichts essen, weil
ich immer an dich denke.
Und abends kann ich nichts
essen, weil ich immer noch
an dich denke!
Und nachts kann ich nicht
schlafen, weil ich solchen
HUNGER habe.

Zehn Regeln fürs Kalorien-Zählen

1 Speisen, die eingefroren sind, enthalten keine Kalorien, da Kalorien eine Wärmeeinheit sind.

2 Essen mit der gleichen Farbe hat auch den gleichen Kaloriengehalt – zum Beispiel Tomaten und Erdbeermarmelade, Pilze und weiße Schokolade.

3 Essen, das zur Unterhaltung verzehrt wird – Popcorn im Kino, Erdnüsse zum Fernsehen, Chips in geselliger Runde – enthält keine Kalorien, da es nicht als Nahrung aufgenommen wird, sondern als Teil der Unterhaltung.

4 Wenn du mit anderen zusammen isst, dann zählen nur die Kalorien, die du mehr isst als die anderen.

5 Essen, dem eine medizinische Wirkung zugeschrieben wird – zum Beispiel Schokolade, Rotwein, Cognac – zählt nicht.

6 Alles, was von Messern, aus Töpfen oder von Löffeln geleckt wird, während man Essen zubereitet, enthält keine Kalorien, weil es Teil der Essenszubereitung ist.

7 Ein Klebchen mit der Aufschrift »Diät« auf Plätzchen-, Wurst- und Käseverpackungen entzieht dem Inhalt die Kalorien.

8 Schokolade oder Gebäck enthalten keine Kalorien, wenn sie gebrochen und Stück für Stück verzehrt werden, weil das Fett verdampft, wenn es aufgebrochen wird.

9 Wenn du etwas isst und es sieht keiner, hat es keine Kalorien.

10 Je mehr du diejenigen mästest, die dich umgeben, desto schlanker wirkst du selbst!

... fett oder fit?

Eine Freundin zur anderen: »Mein Mann hat den Körper eines griechischen Gottes!«
Die andere: »Aber Buddha ist kein griechischer Gott.«

· · · · · · · · · · ·

»Schatz, wohin gehst du?«
»Ins Fitnessstudio. Heute machen wir Bauch, Beine, Po.«
»Schatz, davon hast du doch wirklich genug.«

· · · · · · · · · · ·

Warum sind Single-Männer schlanker als Ehemänner?
Der Single kommt abends nach Hause, schaut in den Kühlschrank, da ist nichts Ordentliches drin, und geht ins Bett. Der Ehemann kommt abends nach Hause, schaut ins Bett, da ist nichts Ordentliches drin, und geht an den Kühlschrank.

Der Fitnesstrainer gibt Anweisungen:
»… jetzt hinunterbeugen und die Zehen berühren …
Was ist mit dir, da in der letzten Reihe?«
»Ich habe keine so enge Beziehung zu meinen Zehen.
Es reicht, wenn ich ihnen winke.«

. . . .

»Du bist so schlank wie ein Reh, oder wie heißt noch
mal das graue Tier mit dem Rüssel?!«

. . . .

Diät-Tagebuch
18.30 Uhr: Konsequent durchgehalten
22.50 Uhr: Maxi-Pizza bestellt
23.09 Uhr: Aber nicht ganz aufgegessen
2.17 Uhr: Doch

. . . .

Ein Ehepaar sitzt vor dem Fernseher schaut sich eine
Tiersendung an.
Sie: »Schatz, findest du auch, dass Nagetiere dumm
und gefräßig sind?«
Er: »Ja, mein Mäuschen.«

»Guten Appetit«

… sagt der Kellner, und das Wasser läuft mir im Munde zusammen. Ich schwinge in Vorfreude die Gabel, bringe das Messer in Anschlag … »Stopp, warte mal!« Meine drei Tischgenossen haben ihre Smartphones gezückt und beginnen, die Teller zu fotografieren. Peter bugsiert ein Minzeblatt in bessere Position, Michael legt sich mit dem Oberkörper quer übern Tisch – »ich brauch noch ne andere Perspektive« –, Julie schiebt unsere vier Teller in der Tischmitte zusammen, kniet sich auf den Stuhl und lässt mit gerecktem Arm das Handy darüber kreisen – »boaaah, geile Bilder!« Mein Teller ist wieder vor mir gelandet und ich könnte den ersten Bissen nehmen, wenn nicht Michael über meinen Teller hinweg erst mal Julies Fotos begutachten müsste. Dann stöhnt Peter auf: »Oh nee, da ist ein Schatten drauf, rück mal kurz zur Seite.« Er meint mich. Mit dem neuen Foto ist er zufrieden: »Ey, das poste ich bei Hashtag instafood!« Aber Michael fände Hashtag foodorgasm besser. Julie schickt ihre Fotos in die WhatsAppGruppe.

Meine drei Freunde sind vergnügt. Und superschlank. Ich bin es nicht. Nicht so vergnügt und nicht so schlank. Wie schafft ihr es nur, eure Figur zu halten, habe ich sie neulich gefragt. »Das liegt am Mindful Eating«, erklärten sie mir, »weil wir jede Mahlzeit bewusst und mit allen Sinnen wahrnehmen.«

Frank Ludwig

Wenn Argumente nicht helfen

Leonie ist das, was unsere Elterngeneration als »Rubensfrau« bezeichnet hätte. Ich bin nicht von gestern, also sage ich: »Du siehst wie ein Curvey Model aus, einfach klasse!« Dann guckt sie skeptisch, was mich hin und wieder zu dem ebenfalls aus der Mottenkiste stammenden, dennoch zutiefst gefühlten Worten verleitet: »Ich liebe jedes Pfund an dir!« Aus Leonies skeptischem wird dann ein leidender, wahlweise ein empörter Blick: »Lass dein dämliches sexistisches Gerede. Ich muss abnehmen.«

Sage ich: »Musst du nicht!«, stößt das auf taube Ohren. Es sei allein ihre Sache und ihr Leid und ihre Entscheidung, und sie will sich eben wohlfühlen, und das tut sie nicht, solange sie aussieht wie eine … nunja, Rubensfrau.

Weil ich Leonie – und nicht nur ihre Pfunde – liebe, will auch ich selbstverständlich, dass sie sich wohlfühlt. Allerdings musste ich einsehen, dass auf dem Gebiet »Figur und Traumfigur« bei meiner schönen, klugen Frau mit Argumenten nichts auszurichten ist.

Leonie vertraut den sensationellen Erfolgsmeldungen der Diät-Gurus jeglicher couleur. Am besten funktioniert das Muster »ich war ein Leidensgenosse der Übergewichtigen, jetzt habe ich es dank meiner einzigartigen Diät geschafft«. Die frohe Botschaft ins Land zu tragen, verfassen sie Bücher. Ich habe ganze Regalmeter freigemacht für die Ratgeber, die sich Leonie auf der Suche nach der »richtigen« Diät im Laufe der Zeit zugelegt hat. Eine stolze Reihe. Oder sie bieten im Netz ihr Erfolgsrezept an. Nicht als altruistische Menschenfreunde, versteht sich, wer schlank werden will wie sie oder ihre tausenden von Followern, muss ordentlich dafür berappen. Ist das Ganze noch mit »Vor der Diät / Nach der Diät«-Bildern illustriert, ist Leonie schon gewonnen. Und hat man im Netz erst einmal den Schlankheitsdrink, die Wunderpille oder was auch immer bestellt, ist das ein Abo, aus dem kaum rauszukommen ist.

Natürlich weiß Leonie, dass ohne ausreichende Bewegung nichts geht. Ich vermisse unsere netten abendlichen Unternehmungen oder netten Plaudereien daheim, beklage mich aber nicht. Sie sind selten geworden, denn wenn Leonie nicht im Fitnesscenter ist oder um den Block joggt, versenkt sie sich stumm in die bunten Zeitschriften, die jede Woche wieder die neu entdeckten – besser noch »nach ernährungswissenschaftlichen Prinzipien entwickelten« – und garantiert zur Wunschfigur führenden Diäten anbieten.

Sagte ich, Leonie weiß, dass Bewegung nötig ist? Na sicher, aber es gibt ja auch noch wundersame Erfindungen, die das für den Menschen übernehmen.

Nützt es nichts, schadets nichts – einen Versuch ist es wert, meint Leonie, wenn im Verkaufskanal die große Neuheit angeboten wird. Ich verliere kein böses Wort über den teuren Müll, der sich in der Abstellkammer türmt, Geräte, die ein »Abnehmen ohne Mühe und Verzicht« verheißen: Fettwegroller, Gürtel, die Stromschläge austeilen, Fußbänke, die die Muskeln des Körpers trainieren, wenn man sich täglich für ein paar Minuten auf sie stellt, und sogar einen Sessel, der das Fett wegrüttelt.

Solidarisch und fernab meiner kulinarischen Gelüste bestelle ich mir, wenn wir mal zum Italiener gehen, keine Pizza mehr, sondern esse lustvoll durch Essig gezogene Salatblätter (brrrr) und diesen Hauch auf dem Teller, der sich Carpaccio nennt.

Ob Trennkost, Intervallessen, Low-Carb ... ich mache jedes Experiment unserer heimischen Küche mit, wische die Gedanken an Mangelernährung zur Seite und ignoriere, was man so über den Jojo-Effekt von Diäten weiß.

Und tatsächlich, manche Diät zeigt Wirkung: bei mir, nicht bei Leonie.

Das wiederum verstärkt ihre Überzeugung, dass sie nur noch nicht die FÜR SIE richtige Diät gefunden hat. Als Leonie neulich irgendeine neue Diät auf den Speiseplan heben wollte, warf ich dann doch leicht genervt ein:

»Versuchs doch mal mit der Callas-Diät!«

Leonie wusste damit nichts anzufangen.

»Na, die hat sich einen Bandwurm einpflanzen lassen, der gewissermaßen von innen wegfutterte, was sonst auf den Hüften gelandet wäre. So wurde sie vom Bühnen-Pummelchen zur elegant-grazilen Diva.«

Leonie schüttelte sich: »Das ist ekelhaft! Das kann ich nicht glauben!«

Es ist wohl wirklich nicht wahr, auch wenn dieses

Gerücht seinerzeit gern kolportiert wurde. Die Operndiva hat vermutlich Hormone und Schilddrüsenextrakte geschluckt, na, appetitlicher ist das auch nicht.

Neulich abends blätterte Leonie wieder in einer ihrer Zeitschriften.

»Warum gibt es mehr übergewichtige Amerikaner als Europäer?«, fragte sie mich, von ihrer Lektüre aufblickend.

»Nö, weiß ich nicht.«

»Weil in Amerika die Küchen größer sind«, gab sie geradezu triumphierend die Antwort aus der Zeitschrift wieder.

»Netter Witz«, meinte ich und lachte.

»Wieso Witz? Das ist Wissenschaft, Forscher haben das in jahrelangen Studien herausgefunden.«

Womit Wissenschaftler so ihr Geld verdienen, war mein erster Gedanke. Der nächste war: da ist was dran, eigentlich könnte man von selber drauf kommen. In großer Küche – und was für Kühlschränke die Amis haben! – lassen sich prima Vorräte bunkern, und was erst einmal gekauft ist, wird eben gegessen.

»Hm, eigentlich logisch«, teilte ich Leonie das Ergebnis meiner Überlegungen mit.

»Na siehstu! Unsere Küche ist einfach zu groß. Du musst sie umbauen.«

Ich werde es doch noch mal mit Argumenten versuchen.

Keine Chance

Er: »Liebling, willst du mit ins Fitnessstudio?«
Sie: »Findest du mich etwa dick?«
Er: »Du musst nicht, wenn du nicht willst.«
Sie: »Meinst du etwa, ich bin faul!«
Er: »Nun bleib doch ruhig.«
Sie: »Also hysterisch findest du mich auch!«
Er: »Das habe ich nicht gemeint.«
Sie: »Dann bin ich eine Lügnerin?«
Er: »Ach, bleib einfach zu Hause.«
Sie: »Na klar, du willst alleine gehn …«

Übrigens …

… nehmen die meisten Leute an Gewicht zu, indem sie romantische Abendessen für zwei genießen … alleine.

· · · · · · · · · · ·

… kostet es viel Willenskraft, endlich mit den Diäten aufzuhören.

· · · · · · · · · · ·

… wenn Schwimmen schlank macht, was machen Blauwale falsch?

· · · · · · · · · · ·

… liegt Übergewicht an einem schlechten Gen, dem »Zum-Kühlschrank-Gehn«.

· · · · · · · · · · ·

… wenn man nachts nichts essen soll, warum zur Hölle gibt es dann Licht im Kühlschrank?

· · · · · · · · · · ·

… wenn eine Diät nicht satt macht, nehmen Sie doch eine zweite und dritte dazu!

… klingt horizontal herausgefordert besser als über-
gewichtig!

. . . .

… warum bestellt sich jemand einen Double-Cheese-
burger, eine große Portion Pommes und eine Cola
light?

. . . .

… eine dicke Freundin hat auch ihre Vorteile: Man
kann einmal um sie herum laufen und sagen: »So, der
Nachmittag ist auch vorbei!«

. . . .

… warum kann man kein Würgehalsband für den
inneren Schweinehund kaufen?

. . . .

… das erste, was man bei einer Diät verliert, ist die
gute Laune.

51

Anja Dominka

Worte des Terrors

Man sagt ja dickeren Menschen ein gutes Nervenkostüm nach. Auch sollen sie mehr Humor haben als dünne. Den brauchen sie in der Tat, das weiß ich als Betroffene, genauer, als eine Frau, die man als … und schon geht es los! Als was denn bezeichnen würde? Vollschlank, korpulent, mollig, Pummelchen …? Die deutsche Sprache gibt da noch ganz andere Sachen her. Aber das erspare ich mir und Ihnen. Es reicht nämlich schon, welche Worte Leute gebrauchen, die eigentlich »gar nichts gegen Dicke haben« und sich weder über sie lustig machen noch die eigene Überlegenheit – weil schlank heißt fit und leistungsfähig – herausstellen wollen.

Zum Beispiel die Verkäuferin in der Boutique, die sagt: »Damit können Sie die Pölsterchen kaschieren!« Ja, Pölsterchen und Pfündchen, wie neckisch! Und kaschieren ist die Schwester von Lüge und Betrug! So sind sie, diese Menschen, nicht nur dick, sondern auch noch verlogen.

Oder die Freundin, die es gut meint: »Ich weiß gar nicht, ob dir das stehen würde!« Da kommt in meinen Ohren an: Eine schlanke Frau sähe wunderbar in dem Fummel aus!

Und die Freundin, die mal ein ehrliches Wort sagen muss, zum Beispiel: »Iss mal weniger!« Also habe ich den Punkt erreicht, dass sie sich Sorgen um meine Gesundheit machen muss? Und die Diagnose stellt sie auch gleich: Natürlich liegt es am Essen.

Oder die nette Kollegin: »Etwas Sport würde helfen!« Wobei denn helfen? Bei Bikinifigur und Modelmaß? Beim Idealgewicht, dem wir alle unbedingt entsprechen wollen und müssen?

Treffe ich mich mit meinen Freundinnen, sind es die schlanken, die zwangsläufig auf das Thema Figur kommen. Früher haben sie ein bisschen – und manchmal auch mehr – über diese oder jene Dicke oder vermeintlich Dicke getratscht. Damit geben sie sich heute nicht mehr zufrieden. Sie wenden sich ernsthaft, fast möchte ich sagen wissenschaftlich der »Ernährungsproblematik« zu: Sie wissen, was man wann und warum essen darf, welche Nahrungsmittel die passenden Mengen an Vitaminen, Mineralien und Nährstoffen liefern, welche Allergene und Zusatzstoffe sich wo verbergen; sie lesen Foodblogs, Ratgeber und Zeitschriften; sie kennen die Trends, denen man am eigenen Herd oder beim Restaurantbesuch folgen muss, sprechen über Konditionierung, tierbasierte Ernährung, über Vegetarismus und darüber, wie sie sich und die Familie gesund ernähren. Als Dicke sitzt du dann am besten stumm wie ein Fisch da. Was soll ich beisteuern? Wenn ich etwas davon verstünde, wäre ich ja nicht dick.

Überhaupt geistern durch unser Leben Begriffe, die suggerieren: Hey, bei dir stimmt was nicht, aber es gibt für alles eine Lösung: Problemzonen, Ernährungscoach, Kalorienreduktion, Weight-Watchers, Body Mass Index, Ernährungsumstellung, Heilfasten, Trennkost, Magische Kohlsuppe, Fatburner, Low-Carb-, Hollywood-, One-Day-Diät oder mentales Schlankheitstraining. Und natürlich auch Worte, die einem das Essen vermiesen – ich sage nur: versteckte Fette! Oder solche, die die bessere Alternative gleich anbieten: vegetarische Wurst!

Darauf einen Spinat-Smoothy!

Und wenn Sie jetzt meinen, diese Dicke da, bei der liegen aber die Nerven blank, dann haben Sie ganz recht. Aber wenn ich mich erst von meiner Kleidergröße 46 auf XXXXL-Format hochgefuttert habe, wird sich gewiss auch der den Dicken nachgesagte Humor einstellen.

Missverständnisse

»Ich mache jetzt auch Fitness!«
»Aber das ist ein Sofa?!«
»Ja, Personal-Couch.«

· · · · · · · · · · ·

Sagt die Studentin: »Herr Professor, ehrlich gesagt,
habe ich Sie mir ganz anders vorgestellt.«
»Wahrscheinlich klein, dick und hässlich, nicht
wahr?«, kokettiert der Professor.
»O nein, Herr Professor, ganz im Gegenteil – groß,
schlank und gut aussehend.«

· · · · · · · · · · ·

Alles auf der Welt geht natürlich zu.
Nur mein Rock, der geht natürlich nicht zu.

· · · · · · · · · · ·

Die Freundin zur anderen: »Ich denke, du machst
Trennkost?! Hat aber noch nicht gewirkt.«
»Leider doch, nach drei Wochen hat sich mein Mann
von mir getrennt.«

Der Bauch sagt: Ich bin voll.
Das Hirn sagt: Dann essen wir jetzt nicht mehr.
Der Mund sagt: Waff?

• • • • • • • • • • •

Querstreifen machen dick.
Aber wer isst schon Querstreifen!

• • • • • • • • • • •

Im Fleischerladen: »Ich hätte gern Leberwurst – von
der groben, fetten.«
»Tut mir leid, die hat heute Berufsschule.«

• • • • • • • • • • •

Vor Gericht: »Herr Richter, es ist richtig, dass ich die
Klägerin eine fette Gans genannt habe. Damit wollte
ich aber ausdrücken, dass ich sie zum Fressen gern
habe!«

Da ist noch weniger drin!

Eine Woche haben Sie sich an die Diätregeln gehalten. Nun soll die Waage den Erfolg der Maßnahme bestätigen.

Gehen Sie nach Plan vor, schalten Sie sämtliche Faktoren aus, die das Messergebnis verfälschen könnten.
- Kleidung und Schmuck ablegen, das ist selbstverständlich.
- Duschen; ein Hautpeeling beseitigt Millionen Schuppen!
- Finger- und Fußnägel schneiden
- Nagellack entfernen
- Nase putzen
- Brille absetzen beziehungsweise Kontaktlinsen entfernen

Stellen Sie sich auf die Waage, der Augenblick der Wahrheit ist gekommen! Entspricht das Ergebnis nicht Ihren Erwartungen?
- Dann vergießen Sie ein paar Tränen; je mehr, desto besser für den zweiten Versuch
- Minimieren Sie die Zimmertemperatur

- Machen Sie fünf Minuten Fitness
- Ausatmen und Luft anhalten und Waage erneut betreten

Hat sich das Ergebnis nicht verbessert, gehen Sie zur Fehleranalyse über.
- Die Waage hat einen Defekt
- Es war die falsche Diät

Denken Sie über verbesserte Strategien nach!
- Planen Sie einen Friseurbesuch, bei dem Sie sich die Haare kurz schneiden lassen
- Haben Sie schon mal eine Blinddarmoperation erwogen? So ein Wurmfortsatz bringt bis zu 50 Gramm
- Entscheiden Sie sich für eine andere Diät

Frank Ludwig

Nachts, im Schlaf

Kurz vor zwölf, Zeit ins Bett zu gehen. Der süße Schlaf überkommt mich, ich gleite hinüber in Morpheus' Reich. Er wiegt mich in seinen Armen, Sphärenklänge umgeben mich. Plötzlich ein Misston. Was für Instrumente werden eigentlich im Sphärenorchester gespielt? Mein schlafendes Hirn stellt die Frage und wundert sich. Da, wieder dieses Grummeln – in purer Dissonanz zu den sanften Klängen. Ich muss wissen, was da los ist. Kann in Morpheus' Reich ein Gewitter aufziehen? … Wach auf, es könnte gefährlich werden. Wie sieht dort ein Gewitter aus? Man weiß so wenig, seufzt mein schlafendes Hirn. Blitze könnten dich treffen, Regengüsse dich überschütten, strömende Fluten dich fortreißen … Hirn an Körper: Wach auf, wach auf!

Welche Erleichterung! Ich liege in meinem Bett. Nichts kann mir geschehen, keine Gefahr droht.

Nur das Grummeln ist noch da. Es ist mein knurrender Magen.

Ich sinke in mein Bett und in den Schlaf. Und immer weiter sinke ich, es ist, als ob ein Fahrstuhl mich abwärts befördert. Tief abwärts, das muss ein Bergwerk sein. Die Luft ist ziemlich dünn hier unten. Sand rieselt lautlos von der Decke auf mich. Jetzt fallen sogar

Steine, aber ganz sanft. Kein Geräusch begleitet den Steinschlag. Nur schwer, immer schwerer wird die Last, die auf mir liegt. Mit den Händen schaufle ich Steine und Sand weg. Die Bewegung holt mich aus dem Schlaf.

Ich hätte vor dem Schlafengehen wohl doch nicht mehr das Rindergulasch mit Klößen und Rotkohl essen sollen.

Ich träume oft, dass ich fliegen kann. Ich breite die Arme aus, hebe ab, und mit aerodynamischer Geschmeidigkeit gleitet mein Körper durch die Lüfte. Das geht ganz einfach, ich brauche weder Ikarus-Flügel noch Düsenantrieb dafür. Nur mit der Steuerung habe ich meine Probleme. Ist das Ding auf Autopilot geschaltet, trägt es mich über Felder und Wälder hinweg. Das ist auf Dauer langweilig, ich bin eben ein Stadtmensch, und dahin möchte ich fliegen. Erst alles von oben anschauen und dann landen, und zwar direkt vor meiner Kiezkneipe, wo ich mir ein kühles Bier genehmigen werde. Warum klappt das nicht? Schließlich wusste schon der alte Flugpionier Goethe, dass unsere Wünsche Vorboten desjenigen sind, was wir zu leisten imstande sein werden. Da wird doch mal eine Landung vor der Kneipe drin sein!

Heute bin ich wieder die ganze Nacht geflogen. Und was hatte ich davon? Durst am Morgen.

63

Karl Leknisch
Der hungrige Russe

Wenn mein Schwiegervater aus Moskau im Sommer zu Besuch kam, blieb er meist drei Monate bei uns in Berlin. Meine Frau hatte sich schnell an die deutschen Essensgewohnheiten gewöhnt. So ein Aufwand zu Mittag – Vorsuppe, dann Hauptgericht und auch noch Dessert vorzusetzen – stand schon lange nicht mehr auf ihrem Programm. Wie auch, da wir beide voll arbeiteten. So haben wir dem Schwiegervater schonend beigebracht, dass es in Deutschland entweder Suppe gibt, dann ist es ein sattmachender Eintopf, oder es gibt nur eine Hauptmahlzeit mit Fisch oder Fleisch mit Beilage: Reis, Nudeln oder Kartoffeln und Gemüse. Mürrisch, aber mit Fassung fügte er sich in sein Schicksal.

Trotz fortgeschrittenen Alters war er noch recht mobil. Wir drückten ihm eine Karte in die Hand, mit der er alle Sehenswürdigkeiten auch fand. Er fuhr sogar allein nach Dresden und hat alles nach unserer Beschreibung gefunden: Zwinger, Gemäldegalerie und Hofkirche. Auch den seinerzeit berühmten »Fresswürfel« suchte er auf.

Fresswürfel nannten die Dresdner die »Gaststätte am Zwinger« – mit Grillbar, einem Café mit Freisitz, dem »Radeberger Bierkeller« und einem großen

Selbstbedienungsrestaurant, eingestellt auf die schnelle Abfertigung der vielen Touristen, die sich nach dem Besuch des Zwingers stärken wollten. So eben auch mein Schwiegervater.

Nun bekamen wir massive Vorwürfe zu hören. »Ihr habt mich mit euren deutschen Essenssitten ganz schön hinters Licht geführt – nur um Arbeit zu sparen und den alten Opa nicht zu sehr zu verwöhnen. Ich habe in der Selbstbedienung eine wunderbare Erbsensuppe bekommen und dann ein großes Schnitzel mit Salzkartoffeln und Gemüse. Zum Abschluss noch einen Vanillepudding.«

Uns blieb der Mund offen stehen. Die anderen Gäste im Fresswürfel werden ganz schön gestaunt haben, was so ein alter Mann alles verdrücken kann.

Sprüche

Ich wollte dieses Jahr acht Kilo abnehmen.
Jetzt fehlen nur noch elf.

• • • • • • • • • • •

Ich war zwei Wochen auf Diät.
Das einzige, was ich verloren habe, sind vierzehn
Tage!

• • • • • • • • • • •

Schönheitsideale ändern sich im Laufe der Zeit.
Das ist meine große Chance!

• • • • • • • • • • •

Ich werde nie verstehen, warum Vegetarier Würstchen
und Burger nachbauen.
Ich bastle doch auch kein Salatblatt aus Hackfleisch!

• • • • • • • • • • •

Damit ich Süßigkeiten nicht sofort aufesse, habe ich
sie vor mir versteckt.
Habe sie aber schon gefunden, bin ja nicht blöd!

Ich mache jetzt drei Diäten am Tag!
Von einer wird man ja nicht satt.

· · · · · · · · · · ·

Immer wenn ich Schokolade sehe, höre ich zwei
Stimmen in mir.
Die eine sagt: »Iss sie!«
Die andere sagt: »Hast du gehört? Du sollst sie essen!«

Endlich bin ich den Winterspeck los!
Habe jetzt Frühlingsrollen …

. . . .

»Man muss eine Schokolade nicht gleich auf einmal essen!«
»Und warum hängen die Stücke dann zusammen?«

. . . .

Habe sämtliche ungesunden Lebensmittel aus dem Haus entfernt.
War sehr lecker!

. . . .

Ich bin gerade am Spiegel vorbeikommen und habe festgestellt, ich müsste dringend etwas abnehmen.
Am besten den Spiegel.

. . . .

Ich bin froh, dass ich mein Essen nicht selbst jagen muss.
Ich wüsste nicht mal, wo Pizzen leben!

. . . .

Habe die Couch vor den Kühlschrank gestellt!
Die Rennerei macht einen ja völlig fertig.

Ich habe gerade 1000 Kalorien verbrannt!
Pizza im Ofen vergessen.

. . . .

Mache jetzt Zumba. Da sieht man die Pfunde pur-
zeln!
Nach zwanzig Minuten liegen 72 Kilo völlig platt auf
der Matte.

. . . .

Immer wenn ich sage, ich bin doch auch nur ein
Mensch, meldet sich meine Waage aus dem Hinter-
grund und ruft: »Anderthalb.«

. . . .

Puh, nach der ganzen Schokolade und den Gummi-
bärchen brauche ich erst mal Chips, um den Salz-
Zucker-Pegel wieder ins Gleichgewicht zu bringen.
Ausgewogene Ernährung ist so wichtig!

. . . .

Wenn Kakaobohnen an Bäumen wachsen, dann ist
Schokolade auch Obst.

Brigitte Meyer
Einkaufen

Kennen Sie das? Sie machen sich einen Einkaufszettel, notieren, was in der Küche fehlt. Sie brauchen Brot, Becel, etwas Käse, ein paar Äpfel; fürs Abendessen planen Sie ein leichtes Gericht, entscheiden sich für Lachs mit Spinat, das geht schnell. Reis ist noch im Vorratsschrank, mit einem Blick ins Gefrierfach überzeugen Sie sich, dass Spinat, der mit dem Blupp, vorrätig ist, Zitronen kritzeln Sie noch auf den Zettel. Zwanzig Euro dürften knapp werden. Sie stecken einen Fünfziger ein und brechen auf in den Supermarkt.

Sie schieben den Einkaufswagen vor sich her und sind gewillt, konzentriert die Liste abzuarbeiten. Äpfel und Zitronen wandern als Erstes in den Wagen, und Sie wollen schon weiter zu den Backwaren, da fällt ihr Blick auf ein supergünstiges Angebot von spanischen Orangen und neuseeländischen Kiwis. Und weil man nie genug Vitamine zu sich nehmen kann, greifen Sie zu. Dass noch fünf schrumplige Kiwis daheim in der Obstschale vor sich hindümpeln, fällt Ihnen erst ein, als Sie das Brot in den Wagen legen. Neben den frischen Backwaren stehen die Dauerbackwaren; es ist nie verkehrt, wenn man ein paar Aufbackbrötchen im Haus hat. Zwei Packungen Knäckebrot, einmal rund, einmal eckig, legen Sie noch dazu. Weiter geht es.

Beim Griff nach der Becel registrieren Sie, dass es eine neue Buttersorte gibt – streichfähig, gesund mit einem Schuss Rapsöl sowie 30 Prozent Gratisanteil in der Verpackung. Sie schreiten weiter am Kühlregal entlang in Richtung Käsesortiment, greifen nach einer vertrauten Sorte – leuchtend-gelbe Scheiben, schwarz gesprenkelt mit Pfefferkörnern. Oder lieber den mit Bärlauch? Besser beide, dann kann die Entscheidung am Frühstückstisch fallen. Einen Frisch- und einen Schimmelkäse dazu, einen Harzer auch noch, der ist immer eine sichere Bank. Und diesen Ziegenkäse wollten Sie schon immer mal probieren. Am Ende liegen sieben Käsesorten im Wagen. Ist in Ordnung, wären Sie zur Käsetheke gegangen, hätten Sie sich zu mehr verführen lassen. Doch noch mal zurück, die neue Buttersorte müssen Sie testen.

Sie kennen sich aus in Ihrem Supermarkt und steuern zielsicher die Kühltruhe mit den Fischangeboten an. Oh, das sah in der letzten Woche noch ganz anders aus! Schwarzwälder Kirsch-, Marzipan- und dunkle Herrentorten lächeln sie an, können Sie aber nicht verführen. Doch daneben liegen diese so appetitlich aussehenden, in mundgerechte Stückchen geteilten Küchlein – sie weiter dem Gefriertod auszusetzen, bringen Sie nicht übers Herz.

Jetzt haben Sie auch »Fisch und Meeresfrüchte« entdeckt und blicken fasziniert auf Hummer, Garnelen und Jakobsmuscheln, die Sie als echte Herausforderung an Ihre Kochkünste reizen. Ach, an Jakobsmuscheln werden Sie sich mal versuchen. Und falls es schief geht, werden Sie auf Lachs zurückkommen. Da Sie sich nicht zwischen norwegischem oder Alaskalachs, Wild- oder Zuchtlachs, portioniert oder im Stück, Iglo, Sea Gold oder A & P entscheiden können, greifen Sie zum Sonderangebot »Familienpackung Regenbogenforelle«.

Als sie Ihr Gefährt aus der kalten Zone schieben, rammen Sie beinahe den »Sommerhit«, der sich Ihnen mit Batterien von Perl- und Schaumweinen, Sekt- und Prosecco-Flaschen in den Weg stellt. Und Hugo, angeboten als »Ihr Getränk für heiße Tage«. Und heiß ist es ja wirklich. Sie legen zwei Flaschen in den Wagen und wollen die Kasse ansteuern. Das Ziel ist nahe und doch nur zu erreichen, wenn Sie ein mit grün-weiß-roten Fähnchen geschmücktes Terrain durchqueren, das mit »Italienische Woche« überschrieben ist und Genuss pur verheißt. So günstig gibt es das naturreine, kaltgepresste Olivenöl sonst nicht. Grissini, luftgetrocknete Salami, Antipasti und Pestogläser finden wie von allein in Ihren Wagen. Ob es auch diesen leckeren Likör gibt, diesen … wie hieß er doch gleich? Da steht er: Limoncello. Allein wie das schon klingt! Den werden Sie sich gönnen, und für den Gatten soll es dann ein Grappa sein.

An der Kasse reicht der noch schnell ins Portemonnaie gesteckte Fünfzig-Euro-Schein nicht, Sie müssen die Karte zücken. Und wenn Ihr Mann zu Hause wieder mal sagen wird: »Wer soll denn das alles essen?«, dann wissen sie beide, dass das eine rein rhetorische Frage ist …

Was fragst du!

Sie: »Schatz, was wollen wir heute Abend essen?«

Er: »Wie du willst.«

Sie: »Lass uns zum Italiener fahren, das war doch so schön neulich.«

Er: »Nein, das ist viel zu weit weg, ich hab keine Lust, so weit zu fahren.»

Sie: »Wie wärs dann mit Sushi?«

Er: »Davon werde ich nicht satt.«

Sie: »Dann Fondue?«

Er: »Bist du verrückt? Weißt du nicht mehr, wie mir beim letzten Mal danach war.«

Sie: »Ich mach uns einen Salat.«

Er: »Bin ich ein Karnickel?«

Sie: »Was willst du dann essen?

Er: »Mir egal. Was du willst.«

Zum Schlanklachen

Das Kind sitzt bei McDonald's vor einem Burger:
»Vati, wieso heißt das eigentlich Fastfood?
»Na, weil das kein richtiges Essen ist, eben fast Food.«

. . . .

Ein älterer Herr sucht sich beim Bäcker ein großes Stück Sahnetorte aus.
»Zum Mitnehmen?«, fragt die Verkäuferin.
»Nein, ich esse es hier. Zu Hause bin ich auf Diät.«

. . . .

Eine Frau ruft beim Pizzaservice an. »Eine Pizza Margherita bitte!«
»Gerne, soll ich sie in sechs oder in acht Stücke teilen?«
»Sechs, bitte. Acht schaffe ich nicht!«

. . . .

Frau: »In der Küche passieren die meisten Unfälle!«
Mann: »Ja, und ich muss sie immer essen.«

. . . .

Die eine Freundin zur anderen: »Ich hüpfe morgens aus dem Bett wie Toast aus dem Toaster!«
»Ach, ich bin da eher wie eine Semmel, die mit der Butterseite nach unten fällt und liegen bleibt.«

. . . .

Was ist ein Light-Bier?
Ein Bier, das man auch im Dunkeln findet.

. . . .

Treffen sich ein Dicker und ein Dünner.
Sagt der Dicke: »Mann, wenn man Sie so sieht, könnte man meinen, es wäre eine Hungersnot ausgebrochen!«
Sagt der Dünne: »Und wenn man Sie so sieht, dann könnte man meinen, Sie wären schuld daran!«

. . . .

Ich bin Second-Hand-Vegetarier:
Kuh frisst Gras, ich esse Kuh.

. . . .

»Sport gibt mir das Gefühl, dass ich besser aussehe.«
»Das Gefühl gibt mir ein Glas Sekt auch.«

Nutella besteht zu 60 Prozent aus Pflanzenfett.
Also ist es quasi ein Salat.

. . . .

»Sag mal, woran erkennt man eigentlich einen
Veganer?«
»Kein Problem, er wird es dir sofort erzählen.«

. . . .

Fünf Monate Diät für fünf Tage Bikini-Figur?
Das ist wie vierzig Jahre arbeiten für 400 Euro Rente.

. . . .

Sie: »Schatz?«
Er: »Ja?«
Sie: »Ich fühle mich hässlich, so dick und faltig.
    Ich brauche ein Kompliment!«
Er: »Du hast eine gute Beobachtungsgabe.«

Peter Hacks

Eine dicke Familie

Es war ein Mann in Mosambik,
Der war als wie ein Fass so dick.
Und jeder sprach: Schau an
Den dicken Mann.

Er nahm eine Frau, recht zart und schick,
Sie war auch wie ein Fass so dick.
Und jeder sprach: Schau an
Die dicke Frau
Von dem dicken Mann.

Sie liebten sich auf den ersten Blick,
Na und die Liebe, die war dick.
Und jeder sprach: Schau an
Die dicke Liebe
Von der dicken Frau
Von dem dicken Mann.

Ihr erster Sohn hieß Ludewig,
Der war wie beide zusammen so dick.
Und jeder sprach: Schau an
Den dicken Sohn
Von der dicken Liebe